AF227148

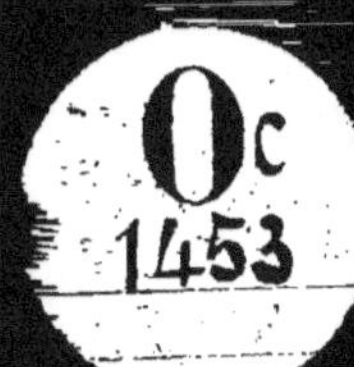

Oc
1453

AMÉDÉE Iᵉ

ET LA

RÉPUBLIQUE ESPAGNOLE

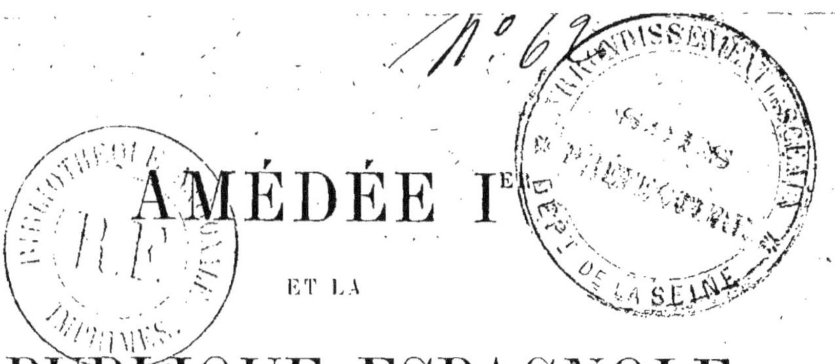

LETTRE

ADRESSÉE A

DON EMILIO CASTELAR

PAR

M. W. DE FONVIELLE

PARIS

AUGUSTE GHIO, ÉDITEUR

41, QUAI DES GRANDS-AUGUSTINS, 41

1873

SEÑOR,

Chacun sent instinctivement que les deux Républiques voisi-
es qui règnent dans le sud-ouest de l'Europe sont dans une
rande mesure solidaires l'une de l'autre. Les âmes tièdes trem-
ent en songeant que l'une ne saurait périr sans que l'autre
it ébranlée jusque dans ses fondements, mais les Républicains
ncères acceptent sans effroi ces chances contraires, en son-
eant aux qualités politiques dont les membres du gouverne-
ent de Madrid ont fait preuve pendant qu'ils faisaient de l'op-
osition à un monarque étranger. La réputation des hommes
ii ont pris la responsabilité du nouvel État républicain ne
us permet pas de dire à l'avance que vous triompherez des
menses obstacles que vous rencontrerez sur votre route, car
y a dans toutes les affaires humaines ces incertitudes qui

tiennent à la nature des choses, et que le génie des Sénèque, fût-il doublé de la vertu des Trajan, ne saurait maîtriser. Il nous est impossible de deviner si vous serez aussi heureux que M. Thiers, dont la sagesse vous sert certainement de guide; mais nous savons que vous ne négligerez rien pour accomplir votre noble mission. La République espagnole peut compter sur votre dévouement sans bornes, sur votre sang, et, s'il est néces-saire, sur votre honneur même que, le cas échéant, vous n'hé-siteriez point à livrer en pâture à vos ennemis.

Il n'y a donc pas que des éventualités sinistres à prévoir, comme tant de faux républicains l'ont fait en recevant la glo-rieuse nouvelle de votre émancipation. Il nous est permis d'es-pérer que la vertu magique d'un gouvernement populaire vous donnera la force d'asseoir la liberté et la tolérance sur les rui-nes du trône de Charles-Quint et sur celles du Palais de l'In-quisition.

Depuis la capitulation de Paris, nous exécutons une magni-fique expérience dont le sens et la portée ont été singulière-ment dénaturés. Même à Paris, où les événements se passent, il n'est pas rare de rencontrer des hommes intelligents et hon-nêtes qui se trompent de la façon la plus grossière sur le rôle que les partis ont joué chez nous.

Permettez donc à un républicain sincère de vous écrire en toute franchise ce qu'il croit de nature à rendre votre tâche plus facile; car rien ne saurait vous aider davantage que de comprendre comment nous avons sauvé notre République.

Je joins à ma brochure quelques-unes de celles que j'ai pu-bliées pendant l'année terrible et qui malheureusement n'ont pas vieilli.

Je les ai fait réimprimer telles qu'elles sont sorties de ma plume à une époque troublée, sans chercher à rectifier même quelques accusations hasardées que je pourrais retirer, mais que je ne saurais en bonne conscience regretter; car j'ai saisi dans ma colère tout ce qui se trouvait sous ma main, et je l'ai sans hésitation lancé à la tête des ennemis de la République et je dirai même de l'humanité. Du reste, ces feuilles, avec leurs qualités et leurs défauts, ont eu assez de succès pour appartenir en quelque sorte à l'histoire : j'ai perdu le droit de les raturer aujourd'hui que l'avenir a donné pleinement raison à mes patriotiques prévisions.

La presse radicale a accueilli avec un enthousiasme bien facile à comprendre les excellentes nouvelles que vous nous avez envoyées de Madrid ; mais l'organe officiel de notre gouvernement s'est contenté d'enregistrer froidement le récit de ces graves événements. L'ambassadeur de notre République a laissé à M. Sickles l'honneur de reconnaître le premier, au nom des États-Unis, le gouvernement républicain de Madrid. Nous, vos voisins les plus proches, vos alliés les plus intimes, nous nous sommes privés de cette joie.

D'un autre côté un mouvement d'hésitation bien sensible s'est manifesté chez un grand nombre de journaux représentant l'opinion républicaine modérée, chez quelques-uns même dont la conversion nous paraissait offrir des garanties sérieuses de sincérité. Ainsi le *Journal des Débats*, pour ne citer qu'un exemple, a laissé échapper les preuves d'une mauvaise humeur inexplicable si l'on croit à la loyauté de ses protestations.

Mais vous auriez tort de considérer des convertis de fraîche date comme représentant la véritable opinion modérée. En effet, l'on ne saurait, en bonne justice, considérer comme étant républicains les publicistes qui ne font peut-être qu'attendre le moment où les prétendants sortiront de leur torpeur apparente et se précipiteront sur la proie qu'ils guettent avec tant d'anxiété. On ne doit accorder ce titre qu'aux citoyens qui ont eu la sagesse de borner leur ambition pour ne point compromettre l'existence même du gouvernement de salut qui doit réhabiliter leur patrie, et qui, sans renoncer à aucune de leurs libérales espérances, en ont patriotiquement ajourné la réalisation jusqu'au jour où la République aura pris racine dans leur pays.

Vous auriez donc tort de conclure de ces critiques que votre République ne compte des amis sincères que parmi nos enthousiastes. C'est au contraire parmi les républicains raisonnables et pratiques que l'on a le mieux apprécié l'importance de la victoire que vous avez obtenue. C'est surtout cette partie éclairée de la démocratie qui a pu approuver comme elle mérite de l'être la sagesse dont vous avez donné tant de preuves, et qui est la qualité la plus essentielle à leurs yeux. Seuls les vrais modérés admireront sans arrière-pensée l'amour de la légalité à laquelle vous avez tant de fois sacrifié vos intérêts du moment et vos plus légitimes aspirations.

Certes vous pouvez sans danger immédiat être dans un certain jeu plus radical que nous, car vous n'avez point à craindre un retour offensif de l'étranger. Mais les Thiers, les Barthélemy-Saint-Hilaire, les Jules Simon, tous chefs avoués de la République conservatrice, sont les seuls qui puissent vous donner réellement des exemples dignes d'être imités. Les avis sympathiques que vous donnera un Edmond About seront bien plus utiles à votre salut, à votre gloire, que les approbations grossières d'un tribun démodé.

Depuis plus de vingt ans je suis un lecteur assidu du *Times*, quoique je déteste les doctrines de cet affreux journal. Aujourd'hui je me félicite de ma persévérance, car je dois vous dire que jamais je n'ai vu l'horrible feuille perdre à ce point son sang-froid. Jamais les Tartuffes de Printing House Square n'ont attaqué avec tant de fureur un gouvernement naissant.

En effet, la chute de la monarchie en France est un événement annoncé par une série en quelque sorte indéfinie de tentatives répétées. Mais voir le trône s'abîmer sous le poids de l'impuissance d'un adolescent, dans la terre classique du droit divin, c'est une mésaventure à laquelle les grands docteurs anglicans n'étaient point préparés.

Ce peuple brave et généreux, qui avait dépensé tant d'héroisme à défendre les droits chimériques de quelques crétins couronnés, ne veut plus se laisser dévaster, ruiner, par des princes stupides, infâmes, sanguinaires, débauchés. Il entend désormais mettre sa gloire à faire son propre bonheur et à régner lui-même sur le plus beau royaume que l'Éternel ait créé ici-bas.

Tremblez, marchands de moutarde constitutionnelle, car si les Espagnols se mettent en tête de servir leur République avec tout l'héroisme qu'ils ont gaspillé au profit de leurs monarques, ils ne tarderont point à devenir les premiers des peuples républicains. Que de vertus réelles éclipseront les hauts faits des lords d'Angleterre et des marchands de la cité, si l'on consent, dans la patrie du Cid, de Trajan et de Sénèque, à devenir citoyen. Ceux qui sont parvenus à anoblir jusqu'au sot et triste métier de valet sauront certainement montrer que la grandeur d'âme n'a point trouvé son dernier terme dans les Caton et les Washington, comme le croyait notre Courier.

En ce moment nos faibles regards ne peuvent percer les ténèbres de l'avenir. Je ne sais encore quel sera le résultat de votre héroïque tentative ; mais dès aujourd'hui je constate que vous avez condamné le droit divin, dont vous fûtes idolâtre, en dernier ressort et sans appel. Dorénavant on ne pourra considérer la couronne que comme un carcan auquel se condamnent les peuples qui ne savent point faire usage de leur liberté. Ce sera un instrument de torture et un signe de honte comme la cangue que traînent les mendiants chinois.

Désormais nous n'avons plus à craindre qu'on nous oblige à tenter l'expérience que vous venez de faire une dernière fois pour notre édification définitive et aux dépens de ce pauvre Amédée. Peu nous importe dorénavant que la duchesse de Saxe-Cobourg-Gotha ait dîné avec le comte de Chambord avant de prendre part à la curée des d'Orléans.

L'éloquence du duc d'Audiffret-Pasquier ne saurait étouffer la voix puissante des événements qui se déroulent à Madrid. Nous ne saurions nous, les fils des rieurs Gaulois, ramasser le hochet que, malgré votre sérieux traditionnel, vous avez été obligés de rejeter avec dégoût.

Le principe monarchique avait, depuis plusieurs siècles, éprouvé bien des mésaventures, mais je doute que la mort de Louis XVI, la chute de Charles X, la fuite de Louis-Philippe ou la lâcheté de Napoléon III aient produit autant de bien que l'abdication du roi Amédée. Cette forme nouvelle de déconfiture monarchique n'avait point encore été imaginée, rêvée par les plus fervents républicains.

Vous avez obtenu un résultat inouï, invraisemblable. Vous êtes parvenus à empoisonner la joie des héritiers du sordide Philippe, quoique la nouvelle de votre glorieuse révolution les ait surpris au moment où ils faisaient l'inventaire de leurs millions. On craint que le duc d'Aumale, ce grand orateur, n'en attrappe un mal de gorge et qu'il ne remette en poche le poisson d'avril qu'il veut servir à notre Académie.

Ainsi qu'un homme d'esprit l'a écrit dans la *République*

française, le jeune Amédée a fini par rendre à la généreuse nation espagnole le seul service qui fût en son pouvoir. Son abdication n'a pas manqué d'une certaine grandeur, remarquable en voyant la petitesse des moyens que les prétendants emploient généralement pour régner. Mais je ne craindrai pas de dire que c'est aux républicains espagnols que je réserve toute mon admiration. En effet, si la République a obtenu dans le sein des cortès une majorité si prodigieuse, c'est grâce à votre loyale attitude, plus encore qu'à votre éloquence. C'est parce que vous avez eu la suprème intelligence de donner l'exemple du respect de lois faites contre vous.

D'un autre côté, je ne peux oublier que cette monarchie funeste d'Amédée fut inaugurée au milieu de nos malheurs, à une époque où l'on pouvait croire que la République du 4 Septembre allait être noyée dans le sang. Le fils de Victor-Emmanuel n'a hasardé sa tentative qu'en prévision du rétablissement du trône de Louis-Philippe et de saint Louis.

Comme la République française a survécu à ses blessures, le coup du jeune Amédée a manqué. Son abdication n'a fait que rendre inutile un détrônement inévitable. Le nouveau Charles-Quint aurait pu finir comme Maximilien. En devançant la justice du peuple, il a évité tout prétexte pour rencontrer les balles de Queretaro. On peut louer sa prudence, mais on ne peut que blâmer les intentions qui l'ont conduit à quitter les châteaux du roi son père pour venir trôner à l'Escurial et à la Granja. Quoique ce jeune téméraire, sagesse bien rare chez un prince, ait lâché prise sans violence, il n'en est pas moins coupable d'une tentive d'effraction populaire, suivie d'un commencement d'exécution.

Peut-être suis-je le seul républicain dans tout Paris qui ait songé à allumer des lampions sur ses fenêtres aussitôt qu'il a appris que votre mannequin couronné était rentré tout seul dans l'armoire du droit divin.

Mais l'état de siége n'est pas la seule considération qui glace notre enthousiasme. Que de famille sont en deuil et pleurent des captifs transportés dans des îles lointaines !

Notre douleur est d'autant plus grave et plus sérieuse que

nous pouvons croire qu'il n'est pas encore temps de pardonner même à ceux qui n'ont été qu'égarés.

Nous n'en sommes plus, hélas ! à cette époque de luttes où nous étions rapprochés les uns des autres par la haine d'un commun ennemi. C'est entre nous, les uns avec les autres, que nous sommes devenus irréconciliables. Si la République a eu le privilége de réunir tous les Français, son avénement semble avoir eu pour résultat de diviser tous ceux qui avant son règne se disaient républicains.

Si nous avons conservé notre République, c'est surtout parce que nous avons su nous condamner à être plus muets encore que nous ne pouvons nous vanter d'être républicains. Il y a bien longtemps, hélas ! que nous avons perdu le droit de nous laisser charmer par de beaux discours qui élèvent l'âme et raffermissent la foi. On n'entend plus ces admirables harangues à l'aide desquelles, dans une langue si poétique, vous réchauffez l'enthousiasme des Castillans. Ni la sagesse de la commission des Trente, ni la clémence de la commission des marchés, ni l'intelligence de la commission des grâces, ni les déclamations de la presse allemande, ni les fureurs de la presse anglaise, ni les calomnies de la presse cléricale ne doivent nous tirer de notre réserve. Nous devons voir ce qui nous paraît absurde, entendre ce qui nous paraît odieux sans broncher, sans sourciller. Par conséquent, nous avons en quelque sorte perdu jusqu'au droit de nous enthousiasmer.

Ce n'est pas tout, car il y a parmi nous des trembleurs qui s'imaginent qu'on ne saurait vous applaudir sans donner prétexte à l'ennemi qui nous guette, et qui attend peut-être l'occasion d'intervenir dans nos affaires. Ces grands politiques craignent en vous applaudissant d'attirer l'attention des Allemands.

Certes, nous avons à la tête de notre République des hommes fort habiles, et pour qui la diplomatie n'a point un seul secret ; mais je doute que M. Thiers lui-même parvienne à dissimuler le véritable caractère de votre révolution. Je le défie de faire entendre à M. de Bismarck qu'il n'a point à s'inquiéter des pacifiques progrès de votre installation.

Le roi de Prusse et ses complices ne sont pas réduits à ce

point d'imbécillité, qu'ils aient besoin d'attendre nos imprudentes révélations. Ce n'est pas la joie des républicains français qui fera comprendre aux suppôts de la féodalité la gravité de l'échec que les principes monarchiques ont éprouvé. Rien ne saurait augmenter le dépit des grands hommes qui, ayant rêvé la couronne pour leur ridicule Hohenzollern, n'ont fait que de couver une nouvelle République de Février.

Nous avons tous lu avec une vive émotion le beau télégramme que vous avez adressé aux Américains, car jamais vous n'avez rien dit de plus vrai. En effet, en suivant le noble exemple que vos colonies vous ont donné, vous vous rapprochez des peuples qui sont sortis de votre sang, et dont la tyrannie seule des rois vous avait séparés. Au lieu d'être une menace pour le Mexique, les États de l'Isthme, les États de la Colombie, les deux Pérous, la République Argentine, vous devenez tout d'un coup leur frère aîné. C'est sur la noble Espagne que ces peuples impétueux tourneront désormais leurs regards ; car, plus habiles que Louis XIV, qui n'avait supprimé que les Pyrénées, vous faites en sorte qu'il n'y ait plus d'Océan. Si quelque chose peut vous conserver Cuba, c'est votre nouvelle forme de gouvernement. En effet, on peut dire que vous adoptez Bolivar, qui devient un frère de Riego et un précurseur d'Espartero.

Vous faites rentrer dans l'ombre à la fois Escobar, Bazile et Loyola ! Ferdinand VII, Philippe II, le duc d'Albe disparaissent de votre histoire, de même qu'en ce moment nous effaçons de la nôtre Morny, Saint-Arnaud et Napoléon III.

Si nos ennemis s'étaient jamais endormis sur leurs triomphes, nous aurions certainement à craindre que le glorieux avénement de votre république ne leur fît ouvrir les yeux. Mais il y a déjà longtemps qu'ils comprennent la faute qu'ils ont commise de ne point nous exterminer pendant que nous étions terrassés, désarmés.

Car ce traité qui devait être notre ruine définitive ne s'est tourné à notre avantage que par les vertus régénératrices de la forme républicaine, dont les républicains les plus ardents étaient en quelque sorte les derniers à se douter, et que, par une erreur contraire, les Prussiens ne soupçonnaient pas.

Il y a déjà bien des mois que la rapidité de notre régénération frappe de terreur les conquérants qui, en tolérant notre république, croyaient nous livrer à l'anarchie.

Si nous étions réduits à leur plaire, il ne suffirait pas de se taire respectueusement quand un roi se sauve en Portugal, nous serions condamnés à leur faire bien d'autres sacrifices. Il faudrait au plus vite faire un choix parmi les sauterelles dynastiques qui grouillent sur notre sol républicain. Le plus sûr moyen de les calmer serait de choisir celui qui dans ses veines aurait la plus grande quantité de sang prussien, et de prendre un Hohenzollern par approximation.

Heureusement nous n'avons plus rien désormais à cacher aux Allemands. Notre seul souci doit être de les empêcher de saisir un prétexte pour se ruer sur nous. Notre seule occupation doit être d'éviter qu'ils ne nous accusent d'avoir déchiré les traités qu'ils nous ont imposés, mais qu'ils ne demandent qu'à mettre en lambeaux.

Rien, pas même leur mauvaise humeur, ne nous empêche de nous réjouir de voir que M. Thiers fait école, et que vous vous disposez à nous disputer le prix de sagesse que nous croyons avoir si bien mérité.

D'autre part, si le dépit de voir que le nombre des républiques augmente d'un membre si important que vous les pousse à nous déclarer la guerre, leur fureur se trouve paralysée par la crainte de précipiter une catastrophe qui rendrait à la race latine son antique unité.

Certes, parmi les rois, il n'y en a aucun qui mérite de devenir et surtout de rester populaire comme le chevaleresque Victor-Emmanuel. Mais il ne serait protégé ni par la haine du pape ni par l'amitié de Garibaldi, si nous avions besoin d'un nouveau Marius pour faire des hécatombes de nouveaux Teutons. Malheur à lui si son sceptre fait obstacle à l'union des races latines coalisées comme il y a douze siècles sous le règne du dernier César, pour repousser l'invasion des Germains.

Si l'aveugle fureur de nos ennemis est assez grande pour qu'ils se jettent sur nous, nous accepterons sans trembler une lutte que nous n'aurons rien fait pour provoquer, car nous pouvons prendre le ciel à témoin que nous n'avons fait aucun effort pour la propagande des immortels principes de la Révolution. Notre seul mérite a été de mettre en relief par la sagesse de notre attitude la folie des princes et l'ineptie de tous les prétendants. Votre république n'est pas fille de la nôtre, mais bien plutôt de celle des États-Unis. En réalité on peut dire qu'elle a été engendrée sur votre sol par les crimes de vos prêtres et de vos rois. Vous n'avez puisé vos inspirations que dans votre conscience de citoyens. Il n'existe entre vous et nous que la complicité morale qui lie tous les gens de cœur, celle qui fait que Jésus aurait pu être poursuivi comme ayant conspiré avec un citoyen d'Athènes qui se nommait Socrate, et qui depuis longtemps avait été condamné.

Ce n'est point à nous, vaincus dans tant de batailles, qu'il appartient de donner le signal de nouveaux combats ; mais la lutte cesserait promptement d'être inégale si l'on nous oblige malgré nous à l'accepter, car cette fois les vaillants fils de Pélage viendraient forcément se ranger à nos côtés. L'hymne de Riégo aurait peut-être le pouvoir que notre Marseillaise a perdu. Vous, fils des héros qui ont su résister à Napoléon le Grand, vous montreriez comment on meurt pour la Liberté à ceux qui ont courbé la tête devant Napoléon le Petit.

Nous n'avons donc en ce moment, qu'une crainte à concevoir, une seule. Cette crainte c'est que cette république qui nous est aussi chère que le nôtre ne disparaisse sous les coups de Bazile et de Loyola. Aussi nombreux que chez nous, vos factieux monarchiques ont une audace que les nôtres ne connaissent point. Jamais prétendant n'a encore imaginé d'inonder nos campagnes avec ses sicaires, de faire écumer les grandes routes, de couper les rails et de confisquer les trains. Les nôtres travaillent par des moyens plus doux dans les couloirs de nos assemblées. Ils ne veulent pas comme Lysandre coudre la peau du loup à celle du renard, c'est celle de la fouine qu'ils veulent y ajouter.

Toutes ces feuilles qu'ils payent tirent l'horoscope de votre République, et lisent dans leur caisse que vous périrez par l'anarchie. C'est de ce côté que se tournent toutes les espérances de nos communs ennemis. Chacun de vos actes les plus nécessaires, les plus légitimes, sera immédiatement représenté comme étant inspiré par les traditions de la Commune de Paris. Comment vous qui avez toujours été si tragiquement patriotes, vous rangeriez-vous sous la bannière d'exaltés pour qui la patrie n'est qu'un vain nom ?

Pourquoi auriez-vous chassé l'étranger du palais de l'Escurial et de la Granja pour donner à des prédicateurs cosmopolites le haut bout des clubs de Madrid ?

Jamais calomnie n'a été plus sotte, plus dépourvue de sens et de raison.

Est-ce que tous vos écrits, toute votre vie ne protestent pas contre les doctrines de l'athéisme que vous avez toujours si noblement attaquées ?

Certes, nous avons le droit de vous demander amicalement que votre territoire ne serve pas de repaire à des conspirations dirigées contre le repos dont nous avons tant besoin, mais de quel droit osons-nous vous contraindre d'être plus inhumains que les Anglais eux-mêmes et de chasser des proscrits que la reine Victoria souffre avec indifférence dans les environs de son palais ? Pourquoi les proscrits de la Commune seraient-ils plus gênants à Madrid qu'ils ne le sont à Bruxelles, à Genève ou à La Haye ?

Au moment où j'écris ces lignes, j'ignore si l'insurrection criminelle des carlistes a étendu ses ravages sur d'autres provinces. Je ne sais si les nouvelles qui nous manquent sont interceptées par les neiges ou par les brigands qui pillent au nom du roi, qui assassinent au nom du pape et qui violent peut-être au nom de la Vierge Marie. Mais ce qui est clair comme la lumière du jour, c'est que tous les bons républicains vous doivent leur concours dans la lutte fratricide que vous serez peut-être réduits à soutenir.

Espérons que la voix de la raison fera rentrer dans le devoir ces Espagnols égarés, et que la majesté du droit républicain mettra en fuite les Don Quichotte du droit divin. Mais si le sang castillan doit encore couler dans vos sierras pour la liberté du monde, nous serions fier qu'il s'y mêlât un peu de sang français. Nous serions même heureux, si quelques-uns des hommes qui se sont couverts de honte pendant la Commune de Paris arrivaient à se réhabiliter en combattant loyalement pour la cause des lois. Puisque les royalistes et les Jésuites se montrent chez vous sous leurs véritables couleurs, et se font détrousseurs de grandes routes, assassins et bandits, pourquoi votre terre ne serait-elle point destinée par la providence à remettre dans la voie droite tous les républicains égarés ?

Nous sommes comme nous venons de vous le dire tenus à beaucoup de sacrifices. Mais heureusement nous ne sommes point obligés de nous déshonorer. Il y a une chose que nous ne pouvons tolérer, c'est que des conspirations se trament chez nous contre une nation amie. Nous n'avons pas le droit de nous rendre complices de don Carlos, nous sommes d'autant plus obligés de respecter vis-à-vis de votre République nos obligations internationales que nous avons sans doute à nous reprocher d'avoir indirectement pesé sur vos délibérations et retardé l'heure de votre émancipation. En effet, vous seriez-vous laissé persuader d'établir le trône précaire d'un étranger si vous n'aviez eu à craindre que M. de Bismarck et Napoléon ne se missent d'accord pour étouffer votre République par une commune intervention, et pour remplacer Sedan et Wissembourg par une nouvelle victoire du Trocadéro.

Si la reine Isabelle ou le duc de Montpensier sont jaloux de leur noble cousin, nous devons mettre ordre à cette orgie de scélératesse ; nos lois ne nous autorisent point à protéger la rue de Suresnes des rois.

La Prusse elle-même ne saurait exiger que nous considérions qu'un peuple ami s'est placé hors du droit des gens de notre République, par cela seul que, comme nous, il s'est déclaré républicain.

Aussi avez-vous agi avec une prudence qui a été fort appréciée en insistant pour que M. Olozaga acceptât au nom de la République Espagnole le poste diplomatique que le gouvernement du roi Amédée avait eu tant de raison de lui confier.

Personne ne serait mieux à même que votre honorable représentant d'adopter les mesures légales nécessaires pour paralyser les trames odieuses dont sa noble patrie peut se trouver menacée.

Il sera énergiquement soutenu dans toutes ses justes réclamations par tous les républicains.

Car votre cause est la nôtre plus peut-être que la nôtre ne l'est en ce moment. En effet, il me semble que nous ne saurions trop gagner à détourner notre attention de nos affaires pour suivre les vôtres avec une respectueuse et sympathique attention. Ces Bourbons, ces d'Orléans qui vous menacent sont les cousins et les frères de ceux qui épient l'occasion de confisquer nos libertés. C'est avec l'argent que nous venons de leur rendre qu'ils pourraient solder des bandits chez vous. La vraie internationale qui vous menace, c'est l'internationale des prétendants.

Si la majesté des lois républicaines était outragée dans la Péninsule, si des routiers arrivaient au trône par le vote de l'escopette, nous aurions presque autant à souffrir que vous, car le succès des bandits à soutane enflammerait tous nos renards monarchiques. On commencerait une nouvelle croisade contre la République et les républicains ; mais même dans le cas d'une catastrophe, que je crois heureusement impossible, les vrais républicains sauraient demeurer fermes sur la brèche et mourir pour la Loi, la Patrie, l'Humanité.

Sceaux. — Typ. et stéréotyp. de Charaire et fils.

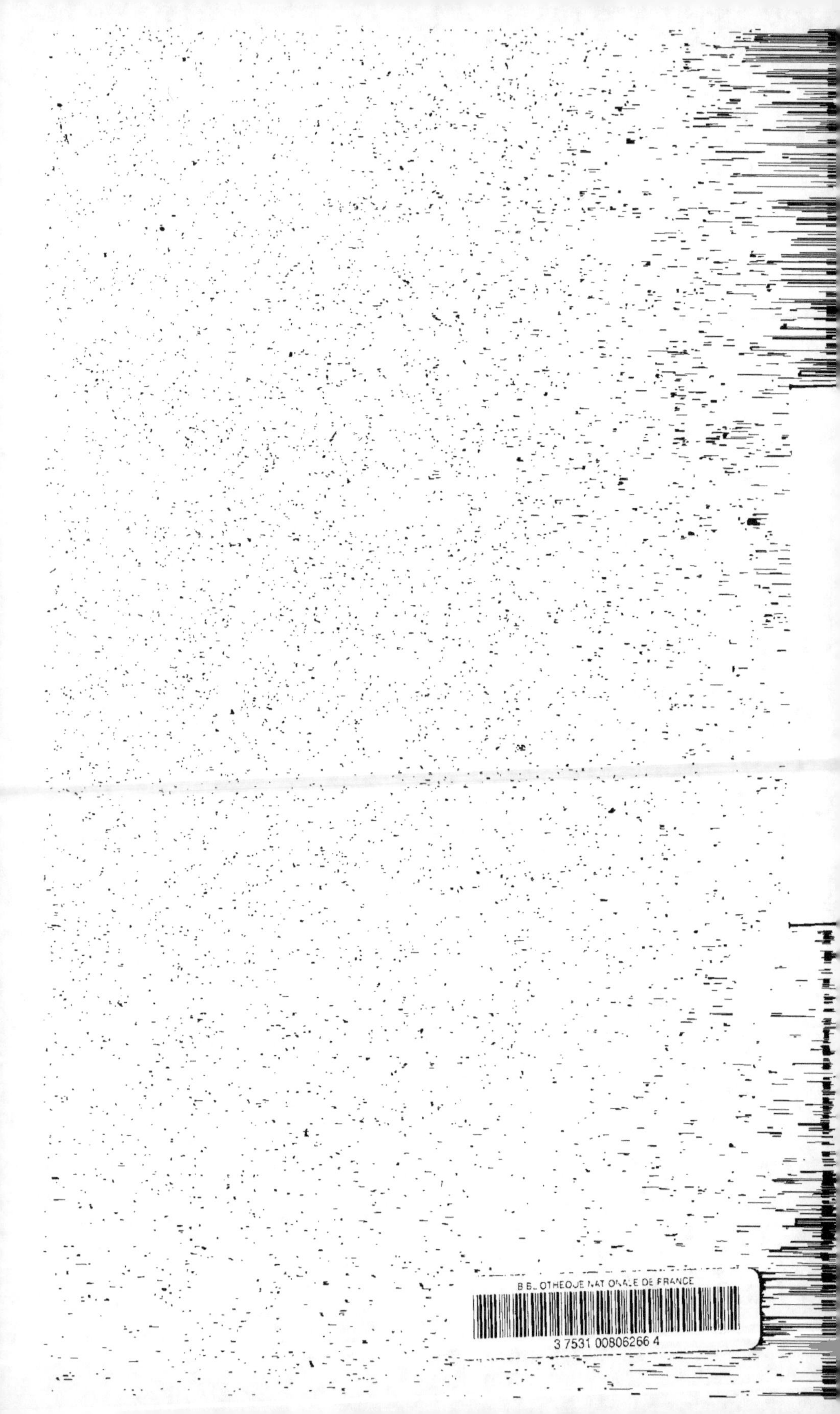